Amiral,

Ce livre est une invitation à entrer dans l'intimité des légionnaires du 1er REG. Merci pour tout ce que vous avez apporté à nos armes. Fidèlement

ILS OUVRENT LA VOIE

SAPEURS LÉGIONNAIRES DU 1ER REG

Merci beaucoup Amiral, pour le regard que vous portez sur moi, qui m'a permis de franchir beaucoup d'obstacles

Avec mon fidèle Amitié

Victor Ferreira

Ils ouvrent la voie

Sapeurs légionnaires du 1er REG

Mareuil Éditions

Dans la même collection

Légionnaire, Victor Ferreira et Bertrand Constant, Mareuil Éditions, 2016.
Démineur, Victor Ferreira, Mareuil Éditions, 2020.

***

Les textes de cet ouvrage ont été écrits par Victor Ferreira,
en collaboration avec le 1er REG.

Achevé d'imprimer pour Mareuil Éditions en novembre 2022.
Dépôt légal : septembre 2022.

Pour vous tenir informé des prochaines publications de Mareuil Éditions :
wwww.mareuil-editions.com

ISBN: 978-23725427-08

Devise du 1er régiment étranger de génie

Ad Unum.
« Jusqu'au dernier. »

Code d'honneur du légionnaire

Article 1. Légionnaire, tu es un volontaire servant la France avec honneur et fidélité.

Article 2. Chaque légionnaire est ton frère d'arme, quelle que soit sa nationalité, sa race, sa religion. Tu lui manifestes toujours la solidarité étroite qui doit unir les membres d'une même famille.

Article 3. Respectueux des traditions, attaché à tes chefs, la discipline et la camaraderie sont ta force, le courage et la loyauté tes vertus.

Article 4. Fier de ton état de légionnaire, tu le montres dans ta tenue toujours élégante, ton comportement toujours digne mais modeste, ton casernement toujours net.

Article 5. Soldat d'élite, tu t'entraînes avec rigueur, tu entretiens ton arme comme ton bien le plus précieux, tu as le souci constant de ta forme physique.

Article 6. La mission est sacrée, tu l'exécutes jusqu'au bout et, s'il le faut, en opérations, au péril de ta vie.

Article 7. Au combat, tu agis sans passion et sans haine, tu respectes les ennemis vaincus, tu n'abandonnes jamais ni tes morts, ni tes blessés, ni tes armes.

Le général d'armée Thierry Burkhard, chef d'état-major des Armées

Le colonel François Perrier, chef de corps du 1er REG

Sommaire

Préface du général d'armée Thierry Burkhard, chef d'état-major des Armées

Le milieu terrestre se caractérise dans sa dimension physique par une grande hétérogénéité et une certaine forme de rugosité. Les hommes peuvent parfois tenter de le dompter en perçant des tunnels, en canalisant des fleuves ou encore en construisant des routes, mais le sol concentre intrinsèquement les conditions du chaos. Combattre à terre impose donc de saisir l'extraordinaire potentiel du terrain pour en atténuer les effets préjudiciables comme pour en tirer le meilleur parti.

C'est la mission que les sapeurs légionnaires du 1er régiment étranger de génie remplissent avec succès, en s'appuyant sur leurs compétences techniques variées, leurs moyens spécialisés et surtout leur inventivité. Leur engagement permanent, tant à l'avant des troupes que sur les arrières, contribue à offrir de la liberté d'action aux chefs et un appui indispensable à la manœuvre, ainsi qu'ils l'ont maintes fois prouvé en opérations. Les défis qu'ils doivent dorénavant relever sont en lien avec l'actualité de la conflictualité. Alors que la probabilité d'engagements toujours plus intenses se confirme, ils doivent s'entraîner à des modes d'actions plus audacieux et s'endurcir plus encore pour continuer d'ouvrir la voie.

Cette attitude hardie résonne sans peine avec l'esprit de la Légion étrangère. De fait, mesurant leur valeur à leur efficacité opérationnelle, les légionnaires ne ménagent jamais leurs efforts pour rester des combattants fiables et forts. Ainsi en est-il des sapeurs légionnaires du 1er régiment étranger de génie comme le révèle ce recueil de photographies. Le coup d'œil fraternel de Victor Ferreira, qui demeure l'un des leurs dans son cœur, nous permet de plonger dans le quotidien de ce régiment, dans les instants d'exaltation intense, comme dans les heures harassantes de l'entraînement et les humbles moments du service courant.

Au lecteur de cet ouvrage, je veux dire qu'il trouvera dans les pages qui suivent des images bien vivantes de l'existence d'hommes hors du commun, qui n'ont pas choisi la voie de la facilité en coiffant le képi blanc et en maniant explosifs, mines et engins du génie. « *Premier régiment étranger de génie, grenade à sept flammes sur ta cuirasse brille* », affirme le chant régimentaire. Au travers des sourires partagés, des regards déterminés, des corps tendus dans le combat et l'effort, j'ose croire que vous ressentirez cette âme légionnaire, l'âme de ceux qui servent la France avec honneur et fidélité.

Introduction du colonel François Perrier, chef de corps du 1er REG

Ils ouvrent la voie et vous invitent à les suivre.

À travers ces instants de vie capturés par Victor Ferreira, vous emboîtez le pas des hommes du 1er régiment étranger de génie, dans leur quotidien comme à l'entraînement ou en mission. Vous franchissez le seuil d'une unité très singulière, spécialisée dans le génie d'assaut et l'appui aux opérations amphibies.

Vous découvrez tout ce qui fait la richesse d'une unité de Légion étrangère, la fraternité d'armes, le culte de la mission, l'amour du travail bien fait, la fidélité élevée au rang de vertu cardinale. Et, bien plus, vous allez à la rencontre des sapeurs légionnaires, des soldats d'exception au sens où ils sont peu nombreux à marier les talents du légionnaire et ceux du sapeur.

Ils sont d'abord *légionnaires*, des hommes qui ont tout quitté et parfois traversé une partie du monde pour s'engager. Cette démarche radicale de dépouillement à la recherche d'une seconde chance dans la vie est à la racine des principales forces de la Légion – la discipline, la force morale, la totale disponibilité. Entrés à la Légion comme on entre en religion, formés dans un même creuset, ils sont légionnaires avant d'être d'un régiment, combattants avant d'être spécialistes, frères d'armes avant d'être d'un pays. L'esprit de corps cimente des hommes que tout oppose. Leur devise, « *Honneur et fidélité* », est le principe fondateur de la Légion étrangère, une exception militaire qui voit la France confier ses armes à des étrangers pour la défendre.

Ils sont ensuite *sapeurs*. Formés et entraînés aux techniques du génie, ils sont en permanence déployés en opération, en appui de la manœuvre terrestre ou amphibie. Ils déminent, font franchir, aménagent le terrain, construisent et combattent sur terre comme depuis la mer. De l'arme du génie, ils tirent la persévérance, celle qui donne à voir dans tout obstacle un défi à relever. Ils déploient des trésors d'ingéniosité pour réaliser les missions les plus complexes et surmonter les difficultés rencontrées. Le génie est également l'expression la plus forte de l'esprit de service. Les sapeurs se dévouent pour leurs frères d'armes dont ils assurent la liberté d'action. Si la route n'est pas ouverte, si la plage n'est pas déminée ou si le poste n'est pas aménagé, la mission des autres s'arrête. Pour ces hommes de devoir et de serment, un demi-succès ne sera toujours qu'un échec total.

Ce livre est une invitation à entrer dans l'intimité des légionnaires du 1er REG, des soldats maniant le fusil aussi bien que la pioche, des guerriers autant capables de détruire que de construire et, surtout, des hommes fiers de servir la France même s'ils sont étrangers.

Avant-propos de Victor Ferreira, photographe

Ce livre est le prolongement d'une rencontre avec le colonel Perrier et le fruit de notre envie commune de réaliser un ouvrage qui permette de saisir chaque instant de la vie des légionnaires du 1er REG et ce, dans un temps très court de quelques mois. Les différentes missions, situations et actions dont les photos témoignent se déroulent simultanément, que ce soit au quartier, en exercice ou en opération extérieure. Vous allez ainsi pouvoir embarquer avec ces hommes et, chose rare, découvrir leur quotidien.

Je n'ai pas réalisé la totalité des photos. Beaucoup proviennent directement du terrain et ont été prises par les légionnaires durant leurs missions en bande sahélo-saharienne, en Côte d'Ivoire, au Liban ou à Djibouti.

J'ai pu partager avec eux leur vie sur le terrain ou au régiment : le réveil, la montée des couleurs, le rassemblement, le sport, la revue de la garde, le rapport du capitaine, la consultation à l'infirmerie, le repas, l'entretien du casernement. J'ai suivi la préparation opérationnelle comme la formation des jeunes arrivant directement de l'instruction, des instants peu dévoilés mais si importants pour bâtir un légionnaire.

La commémoration du combat de Camerone, de la préparation de la prise d'armes jusqu'à la cérémonie qui permet de faire corps autour du drapeau, en présence des anciens et des familles, symbolise et concentre tout l'esprit du 1er REG, « *fier de son passé et confiant dans l'avenir* ».

J'ai rencontré des hommes bien dans leur peau, motivés, épanouis, fiers de ce qu'ils font et de qui ils sont. Du plus jeune au plus ancien des légionnaires de ce régiment, j'espère qu'ils se reconnaîtront.

Merci à eux de m'avoir fait confiance.

La mission continue.

I. Les missions

Les opérations

Créée en 1831, sous la Monarchie de Juillet, pour n'être engagée qu'en dehors du royaume, la Légion étrangère a participé à tous les conflits du XXe siècle et de ce début de XXIe siècle. Quels que soient les engagements armés de notre pays, la Légion étrangère y participe. Depuis sa création, en 1984, le 1er REG a donc été déployé dans toutes les opérations majeures de la France.

Après avoir combattu les divisions irakiennes dans le Golfe en 1991, puis échangé le béret vert contre le béret bleu pour participer aux opérations de maintien de la paix en ex-Yougoslavie ou au Cambodge, au sein de l'ONU, le régiment a pris toute sa part, ces vingt dernières années, pour combattre les groupes terroristes militarisés, en Afghanistan comme dans la bande sahélo-saharienne.

Aujourd'hui, il participe aussi à la nouvelle stratégie française en Afrique en cherchant à toujours mieux répondre aux besoins de nos partenaires en leur permettant de gagner leurs guerres, et notamment celle contre les engins explosifs improvisés.

Être déployée sur différentes opérations n'est toutefois pas une spécificité de la Légion étrangère. Le sapeur légionnaire ne se distingue pas non plus de ses camarades de « la régulière » par ses équipements ou par sa compétence technique. En revanche, il est un combattant au style particulier, où maturité et humilité se conjuguent à une véritable force que seule son attention à l'autre équilibre. De même, la richesse de son recrutement et sa centaine de nationalités donnent au régiment la capacité unique d'aborder n'importe quel théâtre d'opération avec une connaissance préalable du milieu, de la culture et de la langue.

Mais la véritable force du 1er REG est la variété de ses compétences. Les démineurs d'un jour peuvent devenir les bâtisseurs du lendemain et les combattants loin de France savent se muer en serviteurs de nos compatriotes. Si le 1er REG est très engagé pour défendre notre pays, au-delà de nos frontières, il est tout autant sollicité pour participer directement à la sécurité des Français, dans nos villes et nos campagnes. Protection contre le terrorisme avec l'opération Sentinelle, ou intervention après des catastrophes naturelles comme en 2020 dans la vallée de la Roya, dévastée par la tempête Alex, sont l'illustration de la polyvalence du 1er REG.

C'est enfin en opération que le Code d'honneur du légionnaire, cité au début de cet ouvrage, trouve sa plus belle expression, et notamment l'article 6 : « *La mission est sacrée, tu l'exécutes jusqu'au bout et, s'il le faut, en opération, au péril de ta vie.* » Chaque légionnaire répète cette formule le jour où il revêt pour la première fois son képi blanc avant de chercher à s'en montrer digne tout au long de sa carrière.

Bande sahélo-saharienne

Contrôle d'un mur suspect lors d'une patrouille

Ouverture d'itinéraire piégé dans le Liptako malien

Destruction de munitions en fourneau

Opération héliportée dans la région de Gao

351001

Intervention des EOD après une attaque par engin explosif improvisé

Poste militaire de Labbezanga construit par le 1er REG

Au contact des populations

Guyane

Briefing avant le départ en patrouille

Construction d'un carbet, abri de fortune en forêt

Djibouti

Montée des couleurs à Arta Plage

Ouverture d'itinéraire

La section Travaux aménage le terrain

Séance de destruction à Myriam

Ouganda

Détachement d'instruction opérationnel au profit d'un bataillon ougandais

Côte d'Ivoire

Stage AZUR (Action en Zone Urbaine)

Remise de diplômes à l'issue d'un stage de déminage
au profit de sous-officiers ivoiriens

Moyen léger de franchissement

Intervention en zone lagunaire

Patrouille nautique dans le port d'Abidjan

A631
MME

Port de Beyrouth, Liban, septembre 2020

Recherches de victimes par les plongeurs de combat

La section Fouille opérationnelle spécialisée sécurise un bâtiment fragilisé par le souffle de l'explosion

Opération Sentinelle

Patrouille dans la ville de Nîmes

II. La préparation opérationnelle

La préparation opérationnelle

Fidèle à la tradition de force combattante de la Légion étrangère, le régiment a pour premier objectif d'*entraîner des soldats à la guerre*. Engagé au sol, bien souvent en première ligne avec l'infanterie, le sapeur légionnaire est donc un combattant avant d'être démineur ou bâtisseur. La condition physique est le socle de base de son entraînement, car elle endurcit les corps et les esprits. Chaque journée commence donc par une séance d'activité physique ou d'aguerrissement, réalisée en section, où le chef contrôle le niveau de ses hommes. Le tir au fusil d'assaut est l'autre axe d'effort de la formation du légionnaire et passe par plusieurs étapes, inlassablement répétées : le tir individuel pour élever le niveau technique et le tir collectif pour se préparer à la manœuvre tactique. Enfin, les savoir-faire individuels du combattant sont entretenus le plus régulièrement possible. Parmi eux, le secourisme occupe une place majeure. Le point clé de l'instruction est le réalisme pour s'approcher le plus possible des sensations du combat en mettant les légionnaires en situation de stress et de fatigue.

Le deuxième objectif de l'entraînement est de *former des sapeurs*. L'enjeu est d'entretenir la très grande variété des savoir-faire à maîtriser. C'est la raison pour laquelle tout jeune sapeur légionnaire affecté au régiment est principalement formé au déminage et au tir explosif. Tout au long de sa carrière, il élève son niveau d'expertise en apprenant à neutraliser de nouvelles mines et munitions. Les meilleurs d'entre eux seront qualifiés « EOD », pour *Explosive ordnance disposal*[1]. Ils sont capables d'intervenir sur tous types de munitions, y compris les engins explosifs improvisés et les munitions chimiques. Aux fondamentaux du sapeur légionnaire viennent s'ajouter bien d'autres compétences acquises dans le temps, au gré des exercices et des projections opérationnelles. Déminage et équipement de plage dans le cadre d'une opération amphibie, fouille et recherche de ressources ennemies, franchissements de fleuves et de rivières, manœuvre de force ou construction de postes de combat sont quelques-uns des nombreux savoir-faire détenus par les sapeurs légionnaires. Après quelques années en compagnie de combat, ils sont ensuite orientés vers des compagnies spécialisées. Ils peuvent être affectés à

1. « Traitement des munitions et engins explosifs. »

la compagnie de commandement et de logistique, qui rassemble les mécaniciens, infirmiers, secrétaires ou cuisiniers du régiment. Ils peuvent aussi rejoindre la compagnie d'appui où certains deviennent plongeurs de combat, d'autres spécialistes des missions de fouille ; beaucoup y intègrent les sections de travaux ou d'aide au déploiement. Enfin, certains y rejoignent la section en charge d'appuyer les opérations amphibies. En permanence embarqués sur les bâtiments de la Marine nationale, ils aménagent les plages avec des engins spécialisés du génie. Cette même section dispose de plusieurs embarcations rapides, capables de conduire des opérations de combat en milieu fluvial. Avec tous ses moyens réunis – plongeurs, EOD ou spécialistes des travaux –, la compagnie d'appui développe la capacité de rétablissement d'infrastructures portuaires, essentielle pour appuyer les opérations amphibies. C'est dans ce cadre que des équipes du régiment ont été déployées au Liban en 2020, après les explosions qui ont détruit une partie du port de Beyrouth.

Il s'agit enfin d'*éduquer des légionnaires*. Cet objectif est certainement le plus difficile car il ne s'agit pas de technique mais bien d'état d'esprit. Le défi est d'intégrer un étranger dans la communauté légionnaire, en attendant plus tard de l'intégrer à la communauté française. Il a quatre mois de service en arrivant au régiment et ne maîtrise environ que 400 mots de français. Cela signifie que la formation va être permanente et qu'elle va se poursuivre bien souvent le soir, par des cours de français. À l'ambition d'intégrer un jeune étranger au sein du régiment s'ajoute celle de donner le goût de l'effort et la volonté de servir, véritables marques de fabrique d'une unité de Légion étrangère.

Entraîner des combattants, former des sapeurs et éduquer des légionnaires sont les trois volets indissociables de la préparation opérationnelle au sein du régiment, dont l'objectif est d'être prêt, en permanence, aux engagements les plus difficiles.

Instruction des jeunes sapeurs légionnaires

S'aguerrir

Parcours groupe de la 2e compagnie

Exercice de palmage de la 1re compagnie

Ouvrir un itinéraire

Entraînement au déminage

Contrôle opérationnel de la 3e compagnie

Intervenir en milieu périlleux

Exercice de la section Fouille opérationnelle spécialisée

Fouille de grotte

Déminer

Légionnaire en tenue de déminage

Intervention d'un EOD,
spécialiste des munitions et des engins explosifs

Déminage de berge par un plongeur de combat

Détruire

Séance de tir à l'explosif

Mise en œuvre d'une charge allongée

S'entraîner à l'amphibie

Parcours nautique en mer des légionnaires à l'instruction

Déminage de plage

Franchir

Franchissement tactique de la Marne

Poste de commandement tactique

Renseigner

Infiltration en kayak des plongeurs de combat

Exercice STYX : contrôle opérationnel de la section Plongeurs de combat du génie

Reconnaissance d'objectif depuis la mer

Le général Ozanne, commandant la 6e brigade légère blindée, en visite d'inspection durant le contrôle opérationnel de la 3e compagnie

Réaliser un obstacle

Préparation d'un abattis par la 4ᵉ compagnie

Bâtir

Aménagement de plage et construction d'un poste avancé

Se préparer à la mission

Derniers préparatifs
et colisages
avant la projection

In memoriam

Prise avant le départ en opération, la photo "in memoriam" permet d'annoncer le décès d'un légionnaire.

III. La vie quotidienne au régiment

La vie quotidienne au régiment

La formation d'un combattant comme l'intégration d'un légionnaire au sein du régiment sont une œuvre de longue haleine et ne se limitent pas aux phases d'entraînement. Le rythme des journées et le style de vie au quartier charpentent les légionnaires grâce à quelques piliers structurants.

La discipline d'abord. Un dicton dit qu'à la Légion, « *on salue tout ce qui bouge et on peint en blanc tout ce qui ne bouge pas* », rappelant ainsi toute l'importance de la discipline formelle. L'allure dans le port de l'uniforme comme la rigueur de l'entretien du quartier sont deux marqueurs forts de l'identité Légion. « *Fier de ton état de légionnaire, tu le montres dans ta tenue toujours élégante, ton comportement toujours digne, mais modeste, ton casernement toujours net* », dit d'ailleurs l'article 4 du Code d'honneur du légionnaire.

La vie en collectivité ensuite. Le régiment est la « maison du légionnaire », qui est tenu d'y vivre jusqu'au terme de son premier contrat de 5 ans. Le contact entre tous les membres de la section est donc permanent. Il permet d'approfondir la connaissance mutuelle et d'ajuster les caractères, socle d'une cohésion essentielle pour tenir en opération dans des conditions difficiles. Mais faire du commun malgré la diversité de nationalités, de cultures ou de religions n'est possible qu'à la condition du strict respect de l'autre. Alors, avec le temps, cette cohésion forcée par un style vie spartiate deviendra un sentiment plus fort, la fraternité d'armes qui unit l'ensemble des légionnaires.

Le goût du travail bien fait. Les jeunes légionnaires arrivés au régiment ont souvent eu une expérience professionnelle avant de s'engager. Mais celle-ci a pu se révéler décevante. Le rôle des chefs est donc de redonner le goût du travail en rappelant la valeur des choses. Chaque tâche bien expliquée entraînera une compréhension de l'esprit avant, peut-être, une adhésion du cœur. Ce goût du travail bien fait se retrouve dans une autre expression légion : « *Il n'y a pas de petite mission.* » La formule signifie l'impératif de s'investir autant dans la préparation d'une prise d'armes que dans une mission de combat.

Le rituel du quotidien enfin. La vie au régiment est rythmée du réveil à l'extinction des feux. Aux « corvées compagnie », autrement dit l'entretien du casernement, succède le rassemblement du matin lors duquel le chef s'adresse à ses hommes avant le départ des sections à l'entraînement sportif. Les séances d'instruction, la préparation des missions ou l'entretien du matériel et des véhicules ponctuent ensuite la journée, qui sera entrecoupée par « la soupe », c'est-à-dire le déjeuner dans le jargon de la Légion. Comme dans la Marine nationale, celui-ci est pris en commun par catégories : les légionnaires à l'ordinaire, les sous-officiers au mess des sous-officiers et les officiers au mas de Lascours, leur mess.

Si le légionnaire est très discipliné, son droit le plus absolu est de pouvoir s'adresser à son chef quand il le souhaite pour lui faire part de problèmes personnels ou de demandes particulières. Il est alors reçu « au rapport » du chef de section, du capitaine ou du chef de corps, un moment privilégié où il peut s'exprimer directement à son supérieur. Ce sont d'autres temps forts de la vie quotidienne, car un régiment est un « système d'hommes » dont l'efficacité repose avant tout sur la qualité de ses relations humaines.

« Compagnie, réveil ! »

Appel du matin

Revue de chambre

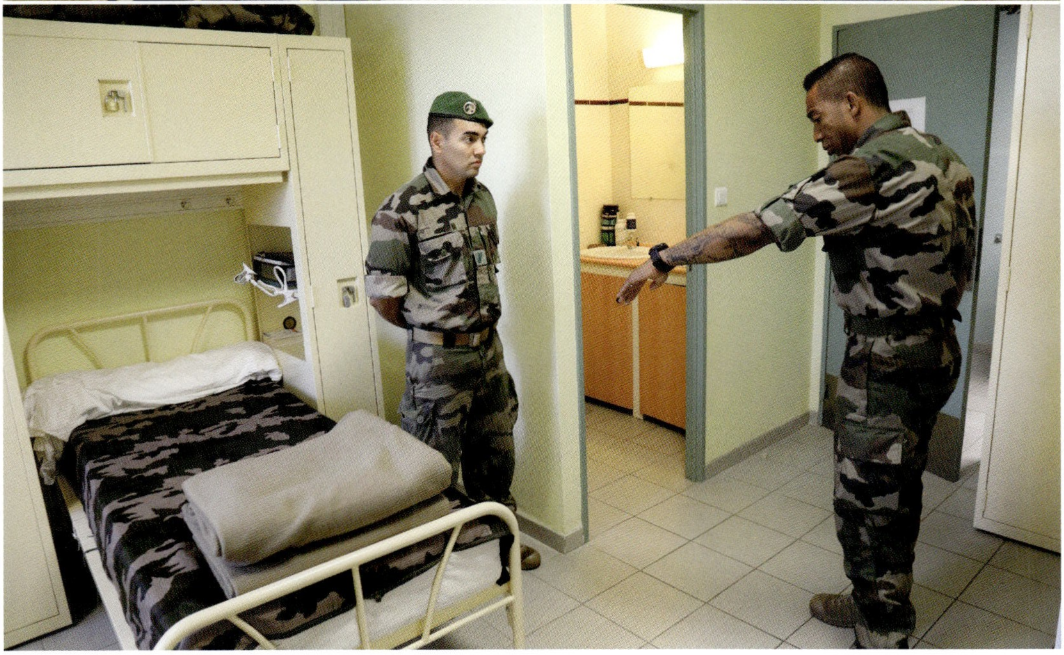

Montée des couleurs

LEGIO PATRIA NOSTRA

« Corvées compagnie »

« ... ton casernement [est] toujours net. »
(article IV du Code d'honneur du légionnaire)

« Corvées quartier » ou l'entretien des abords de la compagnie dans le jargon Légion

Rassemblement de la compagnie

Mise à l'honneur de légionnaires

Revue de la garde

Moment privilégié d'échange direct entre les légionnaires et le chef de corps

Séance de sport par section

Visite médicale

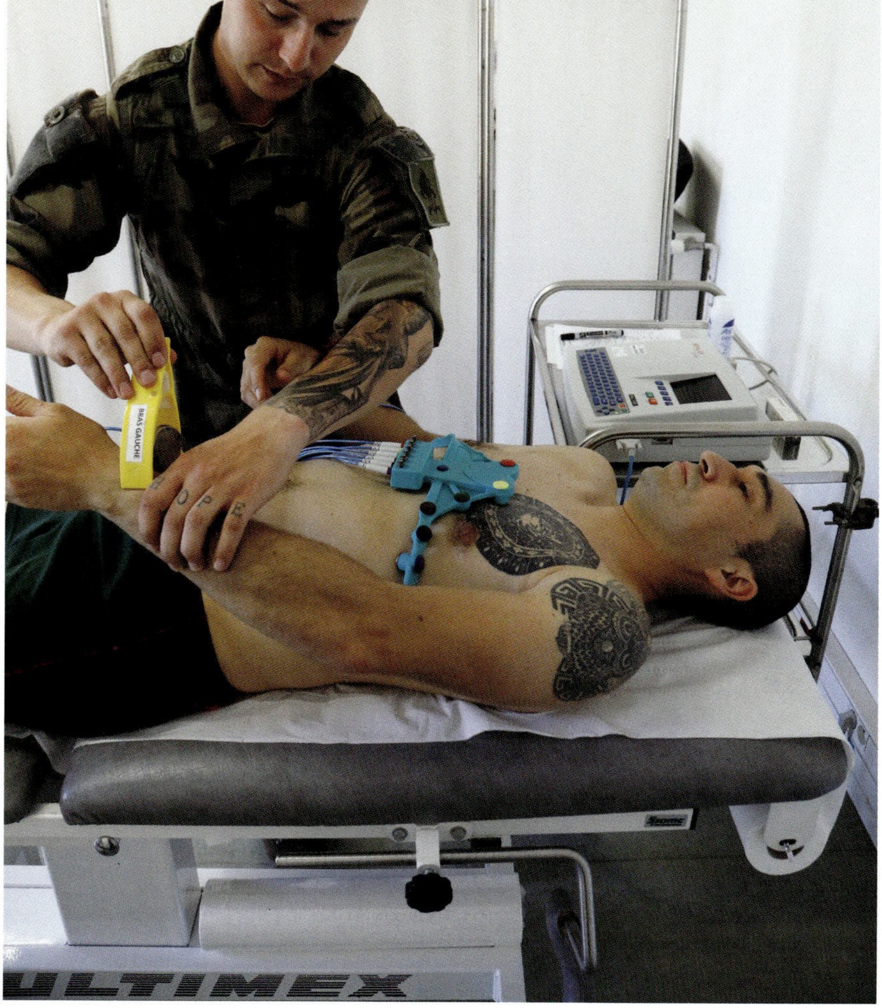

Distribution du courrier

Rapport du chef de corps

Le « rapport » est un moment où les cadres et légionnaires peuvent s'adresser directement à leurs chefs sur des sujets les concernant.

Rapport du commandant d'unité

« Soupe » à l'ordinaire, la salle à manger des légionnaires

Ce sont des légionnaires cuisiniers qui préparent le repas de leurs camarades.
« La Légion est dure, mais la gamelle est sûre. »

LA SABANA
Légion Étrangère

Les cuisines

Les ateliers régimentaires

Diagnostic en cours sur un véhicule blindé Griffon

Atelier de maintenance des blindés

Entretien du casernement

Visite technique annuelle

« … tu entretiens ton arme comme ton bien le plus précieux… »

BRIEFING AU BOI (BUREAU OPÉRATIONS INSTRUCTION)

Préparation des dossiers administratifs avant projection

Chancellerie et bureau des effectifs

ACCUEIL DES LÉGIONNAIRES NOUVELLEMENT AFFECTÉS AU RÉGIMENT

Les jeunes légionnaires sont accueillis en salle d'honneur, où ils reçoivent l'insigne régimentaire, symbole de leur appartenance au 1er REG.

Accueil de délégations étrangères

Descente des couleurs

Relève de la garde

IV. Traditions & festivités

Traditions & festivités

Parce que la vie à la Légion étrangère est exigeante, celle-ci est entrecoupée de temps forts de cohésion où la discipline est moins marquée et où les relations hiérarchiques laissent place à la confidence, aux rires et aux souvenirs. Plusieurs grandes fêtes ponctuent l'année.

Sainte-Barbe, le 4 décembre, est la fête desw sapeurs. On y célèbre la sainte patronne de l'arme du génie. C'est une vieille tradition qui remonte à l'époque où manier la poudre était extrêmement risqué. Pour Sainte-Barbe, une prise d'armes est organisée au régiment. La veille, la Musique de la Légion étrangère offre traditionnellement un concert à la ville de Laudun.

Noël, incontournable du patrimoine de la Légion, est l'occasion pour l'ensemble du régiment, jeunes et plus anciens, de se retrouver autour de quelques jours intenses, ponctués par des challenges sportifs, la préparation de la crèche par section et la veillée de Noël, avec ses traditionnels sketches où les légionnaires parodient avec brio leur quotidien. À la Légion étrangère, Noël prend tout son sens. C'est bien la famille que l'on y fête, une famille qui accueille ses jeunes légionnaires échoués sur les rives de France en quête d'une seconde chance dans la vie, une famille qui se construit jour après jour et nécessite la participation de tous pour continuer à s'édifier, une famille qui répond aux tentations d'un monde en repli sur soi par la force de sa fraternité d'armes.

Si Sainte-Barbe célèbre le sapeur et Noël la famille régimentaire, *Camerone* met à l'honneur le légionnaire et le guerrier qu'il incarne. Le 30 avril, partout où est déployée une unité, le récit du combat fondateur de la Légion étrangère est lu et nous replonge en 1863, quand une poignée de braves, perdus au fin fond du Mexique, résista à plus de deux mille Mexicains. Les hommes du capitaine Danjou ont fait le serment de remplir leur mission jusqu'au bout. Par leur courage et le respect de la parole donnée, ils ont forgé l'identité de la Légion étrangère autour d'une idée à la fois simple et puissante : servir. Durant la célébration de Camerone, challenges sportifs, prise d'armes et journées portes ouvertes permettent à tout le régiment comme aux anciens de se retrouver autour des valeurs fortes de la famille Légion.

Différents moments de convivialité rythment enfin la vie au quartier. Les « repas groupés », où les officiers et les sous-officiers se retrouvent autour d'un déjeuner festif au rituel bien établi, sont la marque d'un régiment où l'on consacre du temps à entretenir une identité et à consolider toujours davantage le champ des relations humaines. Finir un repas en faisant résonner les chants de la Légion n'est pas une perte de temps. S'affronter dans des épreuves sportives n'est pas une perte de temps. Dire au revoir à ceux qui quittent le régiment n'est pas non plus une perte de temps. Car voilà peut-être le secret des régiments de la Légion étrangère : leur rapport au temps.

À l'image des défilés, où la troupe marche au pas lent de « 88 pas minute », et à rebours d'une époque où la valeur de toute chose se juge à sa rentabilité, les régiments de Légion étrangère entretiennent précieusement un style de vie où l'on prend le temps de s'instruire, de s'entraîner et de vivre ensemble.

Célébration du combat de Camerone (30 avril 1863), bataille fondatrice de la Légion étrangère

Préparation de la prise d'armes

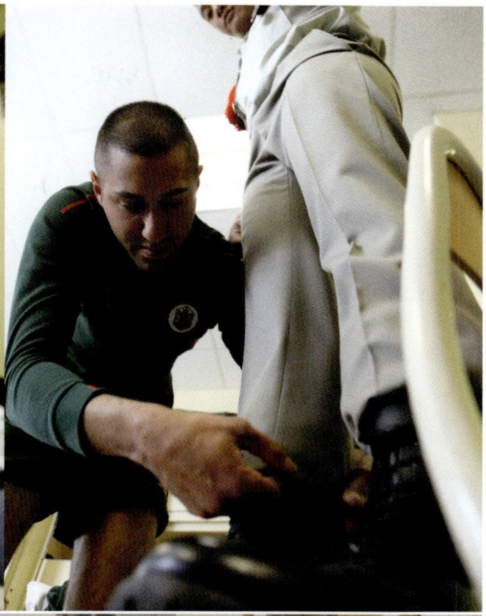

Remise de décrets de naturalisation par les autorités civiles et militaires

Remise de décorations

ET
FIDELITÉ
CAMERONE 1863

LAUDUN

Repas groupé des officiers

Repas groupé des sous-officiers

Challenges régimentaires

VENUM
VENUM

Swimrun, « épreuve Légion » organisée par le 1er REG au profit des blessés

Cérémonie de passation de commandement de compagnie

Cérémonie de Sainte-Barbe, Fête des sapeurs (4 décembre)

La Musique de la Légion étrangère, incontournable des grandes prises d'armes et défilés.

Le général Lardet, commandant la Légion étrangère, présidant la cérémonie de Sainte-Barbe

Crèche de Noël d'une section

À la Légion, Noël se fête tous ensemble.
Où qu'ils se trouvent, au quartier comme en opération, les légionnaires construisent la crèche avec les moyens du bord et beaucoup d'imagination.

Adieux aux officiers quittant le régiment, moment toujours émouvant

Repas de l'Amicale des anciens

Les anciens font pleinement partie de la grande famille régimentaire.

Conclusion

« Ils ouvrent la voie. »

Si le titre est court, ce qu'il suggère est vaste : tradition, exigence, modernité ou encore exemplarité.

La tradition d'abord, à l'image des pionniers ouvrant nos défilés avec haches et tabliers. En 1931, lors des cérémonies du centenaire de la Légion étrangère, une section de sapeurs défila pour la première fois en tête des troupes, reprenant ainsi les traditions des pionniers du XVIIIe siècle. Ils étaient mis à l'honneur pour leur courage, eux qui montaient à l'assaut en tête des autres unités pour détruire les obstacles ennemis. La tradition demeure et nos défilés sont toujours ouverts par une section de pionniers, rappelant que l'on ne passe pas sans sapeur.

L'exigence tactique et technique ensuite. Ouvrir la voie au profit des unités terrestres ne souffre pas la moindre approximation. Le geste du démineur doit être précis et assuré. La reconnaissance d'un point suspect doit déceler l'engin explosif improvisé. L'infiltration des plongeurs de combat doit permettre d'obtenir du renseignement sur le dispositif ennemi sans s'être dévoilée. « Être devant » est l'école de l'exigence, car de la réussite de la mission dépend le succès des frères d'armes, qu'ils soient fantassins, cavaliers ou logisticiens.

La modernité. « Ouvrir la voie », c'est se projeter vers l'avant. La guerre qui s'est invitée en Europe, le 24 février 2022, signifie que la préparation à des engagements plus durs est indispensable. Le 1er REG a choisi de s'y préparer sans concession. Oser l'inconfort de l'innovation, tel est l'état d'esprit cultivé au sein du régiment, dans tous les champs de la préparation opérationnelle, qu'il s'agisse de la transformation Scorpion, avec l'appropriation des véhicules blindés Griffon, ou encore de l'expérimentation de la reconnaissance par le génie dans un conflit de haute intensité. Le 1er REG a toujours cultivé ce goût pour l'innovation. Hier, dans les années 1980, il participait à l'introduction des techniques de plongée en circuit fermé au sein de l'armée de Terre ; aujourd'hui, le régiment développe la capacité de combat fluvial de cette même armée de Terre.

L'exemplarité enfin. « Ouvrir la voie » rappelle combien la solidité du régiment tient à la qualité de ses chefs. Leur autorité repose autant sur leurs compétences de soldats et de sapeur que sur leur volonté de faire grandir leurs hommes, humainement et professionnellement. Premier des serviteurs, le chef n'entraîne et ne motive que s'il est devant et s'il est exemplaire. Il se fixe des objectifs élevés pour lui-même comme pour ceux qui l'entourent. Il transforme sa vision en action. Il aime aussi relever les défis et surmonter les difficultés. Il a un sens poussé de la mission et une réelle capacité d'espérance, de confiance et d'audace. Donner envie à ses hommes de le suivre par son exemplarité, voilà ce que signifie « ouvrir la voie » pour le chef au 1er REG.

La Légion étrangère en quelques mots

Présentation

Louis-Philippe, roi des Français, a créé la Légion étrangère le 9 mars 1831, dans le but de regrouper au sein d'une même unité tous les étrangers qui se battaient alors au service de la France. L'efficacité redoutable de la Légion est rapidement prouvée et elle sera employée sur tous les théâtres d'opération en Europe et Outre-Mer. S'entraînant inlassablement pour être immédiatement opérationnels, les légionnaires sont engagés actuellement dans tous les conflits que la France mène à travers le monde.

De tous les combats qu'elle a menés, s'il fallait n'en citer qu'un, ce serait le combat de Camerone, son plus beau titre de gloire obtenu en 1863, lors de la Campagne du Mexique. La résistance héroïque de la compagnie du capitaine Danjou dans l'hacienda de Camerone est adoptée comme un symbole. « Faire Camerone » devient alors l'expression qui illustre le sens du devoir, parfois jusqu'au sacrifice ultime, dont les légionnaires font preuve lorsque les circonstances du combat deviennent défavorables. Plus de 35 000 étrangers ont ainsi déjà donné leur vie pour la France, leur patrie d'adoption.

Les unités

– Commandement de la Légion étrangère (COMLE). Stationné à Aubagne.
– 1er régiment étranger (1er RE). Stationné à Aubagne.
– 1er régiment étranger de cavalerie (1er REC). Stationné au Camp de Carpiagne.
– 1er régiment étranger de génie (1er REG). Stationné à Laudun.
– 2e régiment étranger de génie (2e REG). Stationné à Saint-Christol.
– 2e régiment étranger d'infanterie (2e REI). Stationné à Nîmes.
– 2e régiment étranger de parachutistes (2e REP). Stationné à Calvi, en Corse.
– 3e régiment étranger d'infanterie (3e REI). Stationné à Kourou, en Guyane.
– 4e régiment étranger (4e RE). Stationné à Castelnaudary.
– 13e Demi-brigade de Légion étrangère (13e DBLE). Stationnée au Camp du Larzac.
– Détachement de Légion étrangère de Mayotte (DLEM). Stationné à Dzaoudzi, à Mayotte.
– Groupement de recrutement de la Légion étrangère (GRLE). Stationné au Fort de Nogent.

Le 1er REG en quelques mots

En 1920, les premières compagnies de sapeurs sont créées au sein des régiments de la Légion. Elles opèrent au Maroc et remplissent des missions de génie – construction de routes, de ponts ou de tunnels –, autant d'ouvrages qui sillonnent encore l'Afrique du Nord aujourd'hui. Fusil dans une main, pioche dans l'autre, la réputation du légionnaire s'installe. Il est à la fois soldat et bâtisseur.

Il faudra attendre 1984 pour voir, à Laudun dans le Gard, la création d'un régiment de génie spécifique au sein de la Légion : le 6e régiment étranger de génie, devenu le 1er régiment étranger de génie en 1999, lorsque fut créé le 2e régiment étranger de génie. Dès lors, depuis près de quarante ans, les sapeurs légionnaires ont été engagés en appui de toutes les opérations des armées françaises menées dans le monde.

Aujourd'hui, le 1er REG compte 950 hommes. Unité de génie d'assaut amphibie, il appuie la 6e brigade légère blindée en assurant sa liberté d'action, sur terre, depuis les mers et par les fleuves.

Fort de ses quatre compagnies de combat [2], de sa compagnie d'appui disposant des capacités spécialisées du régiment, de sa compagnie de commandement et de logistique, et de sa compagnie de réserve, le 1er REG est le « couteau suisse de la brigade ».

Ses légionnaires savent déminer et dégager les obstacles sur terre comme en façade maritime, ils construisent, ils reconnaissent avec discrétion des objectifs ennemis, ils interviennent en milieux périlleux et ils savent neutraliser les pièges les plus dangereux.

Le régiment est en permanence engagé sur le territoire national, en appui des opérations de sécurité intérieure ou en intervenant sur des catastrophes naturelles. Il est également très souvent projeté sur des théâtres d'opérations extérieures, où il réalise principalement des missions d'appui à la mobilité – reconnaissance d'itinéraires piégés –, des missions d'aide au déploiement – construction d'emprises au profit de la Force –, ou des missions de formation au profit d'unités étrangères, notamment dans le déminage.

2. La 1re compagnie, spécialisée dans le combat nautique ; la 2e compagnie, spécialisée dans le combat en milieu difficile et les actions de destruction dans la profondeur ; la 3e compagnie, spécialisée dans le combat de contre-guérilla ; et la 4e compagnie, spécialisée dans le combat en zone urbaine.

Crédit photographique

© Victor Ferreira : pages 6 (*La section Plongeurs de combat du génie*), 55, 56 ,57, 58, 63, 65, 67, 68, 74, 75, 78, 83, 84, 87, 88, 89, 90, 91, 92, 93, 94, 95, 96, 97 (photo du haut), 98, 99, 100, 101, 102, 103, 104, 105, 106, 107, 108, 109, 110, 111, 112, 116, 117, 118, 122-123, 124, 125, 126, 127, 128, 129, 130, 131, 132 (photo du bas), 133, 134-135 (*Défilé clôturant la prise d'armes de Camerone, avec les pionniers en tête*), 136-137, 138-139, 142 (photo du haut), 143 (photo du haut), 144, 149, 158-159 (*Défilé clôturant la prise d'armes de Camerone*).

© ADC BARCIK : p. 81.

© 1er REG : photo de couverture (*Défilé de la prise d'armes de Camerone*), p. 2-3 (*Stage nautique de la 1re compagnie*), p. 20-21 (*Destruction par charge allongée*), p. 42-43 (*Côte d'Ivoire, préparation d'un moyen léger de franchissement*), p. 156-157 (*Côte d'Ivoire, navigation en moyen léger de franchissement*) et toutes les autres photos.